DEVINETTES

LES BLAGUES CULTE

MARABOUT

Quel est le super-héros
qui ne va pas au fond des choses ?
– Superficiel.

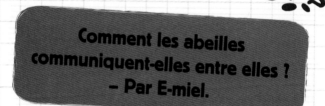

Comment les abeilles
communiquent-elles entre elles ?
– Par E-miel.

Qu'est-ce qu'il ne faut pas
demander à un antiquaire ?
– Quoi de neuf ?

**Quel est le fruit
le plus féminin ?
– L'ananas (la nana).**

Pourquoi les boîtes aux lettres
sont-elles plus hautes à Prague ?
– Parce que les Tchèques postent haut
(chèques postaux).

Qu'est-ce qui a des branches
mais pas de feuilles ?
– Des lunettes.

Je dors toujours debout avec
un doigt dans l'oreille ; qui suis-je ?
– Une pompe à essence.

Que dit un tennisman
qui fait la manche ?
– T'as pas deux balles ?

Qu'est-ce qu'un oiseau
sur un arbre ?
– Un porte-plume
sur un portefeuille.

!!!

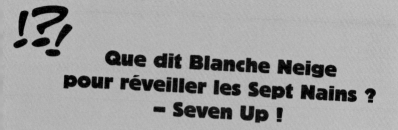

**Que dit Blanche Neige
pour réveiller les Sept Nains ?
– Seven Up !**

Que peut-on lire sur le bulletin
de notes d'une vache ?
– Peut faire meuh (mieux).

**Comment font les sourds-muets
pour se dire des secrets ?
– Ils mettent des moufles.**

Qu'est-ce qu'un homme avec une mitraillette dans un champ de blé ?
– Un céréale killer (serial killer).

Pourquoi les flamands roses ne lèvent-ils qu'une patte ?
– Parce que s'ils levaient les deux, ils tomberaient.

Comment appelle-t-on une voyante qui lit dans le sucre ?
– Une extra-glucide.

Qu'est-ce qu'une framboise ?
– Une fraise qui a la chair de poule.

Quel est le point commun entre un facteur et un jongleur ?
– Il leur faut tous les deux beaucoup d'adresse(s).

Dans quel pays
ne bronze-t-on pas du nez ?
– Le Népal.

Quelle est la plante qu'on n'arrose jamais et qu'on écrase sans l'abîmer ?
– La plante des pieds.

Quelle est l'expression préférée des dentistes ?
– Que Dieu vous prothèse.

Que dit un oignon quand il se cogne ?
– Ail (aïe).

**Qu'est-ce qui a des dents
mais qui ne mange pas ?
– Un peigne.**

Quel est l'animal
le plus malheureux ?
– Le taureau, parce que
sa femme est vache.

Qu'y a-t-il après
un œuf de Pâques ?
– Un dix de Pâques.

**Qu'est-ce qui monte
et qui descend en même temps ?
– Un escalier.**

**Quelle est la différence entre
un rouquin et un requin ?
– Le rouquin, c'est les cheveux
du père et le requin, c'est
les dents de la mer.**

**Quelle est la danse préférée
des bœufs ?
– Le slow parce qu'ils dansent
joug contre joug.**

15

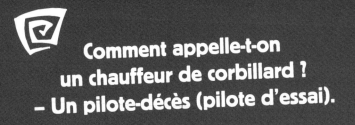

**Comment appelle-t-on
un chauffeur de corbillard ?
– Un pilote-décès (pilote d'essai).**

Pourquoi les maisons en Angleterre
ne sont-elles pas solides ?
– Parce qu'elles sont en glaise
(anglaises).

**À quel moment un parachutiste
non-voyant sait-il qu'il atterrit ?
– Quand il y a du mou
sur la laisse de son chien.**

Quels sont les petits d'une oie ?
– Les noisettes (une noix).

**Comment un iceberg
annonce-t-il la naissance de son fils ?
– C'est un glaçon !**

Que dit un coq
à une poule pour la séduire ?
– T'as de beaux œufs,
tu sais !

Quelle est la puissance d'un coton-tige ?
– Deux ouates (watts).

Quel est le pays le plus cool ?
– Le Yémen.
(Yeah men !)

!?!

Pourquoi les pêcheurs sont-ils si minces ?
– Parce qu'ils surveillent leur ligne.

**Donald et Picsou se disputent.
Qu'est-ce que ça donne ?
– Un conflit de canards.**

**Pourquoi le football est-il un sport drôle ?
– Parce que Thierry en rit (Thierry Henri).**

**J'ai cinq jambes, cinq bras
et deux têtes ; qui suis-je ?
– Un menteur.**

Quelles sont les matières préférées des garçons ?
– Maths et dessin (mater des seins).

Comment appelle-t-on
un pot de colle avec une cape ?
– Super Glue.

???

Deux pigeons sont sur un lac,
un blanc et un roux. Lequel coule ?
– Le roux parce que le roux
coule (roucoule).

Comment appelle-t-on le rendez-vous annuel des non-voyants ?
– Le festival de cannes (de Cannes).

De quelle couleur sont les petits pois ?
– Rouges parce que les petits pois sont rouges (petits poissons rouges).

Pourquoi les grenouilles gardent toujours les fesses dans l'eau ?
– Pour avoir la raie nette (rainette).

Qu'est-ce qu'un acide aminé ?
– De la drogue pour chat (à minet).

Pourquoi la France et l'Angleterre
sont-elles si proches ?
– Parce qu'elles se tiennent
par la Manche.

Que fait Stallone
devant son miroir ?
– Il se rend beau (Rambo).

**Savez-vous pourquoi
les Schtroumpfs sont bleus ?
– Parce que leurs slips
sont trop serrés.**

**Pourquoi les catholiques
ne peuvent-ils pas dormir ?
– Parce que Jésus Christ
(Jésus crie).**

Comment se fait appeler
un vampire prétentieux ?
– Mon saigneur !

**Quelle est la ville
la plus longue ?
– Toulon.**

Quel est l'animal
le plus heureux ?
– Le hibou, parce que
sa femme est chouette.

**Quel est le pays
que détestent les femmes ?
– La Grèce (la graisse).**

Quel ami ne peut-on plus supporter ?
– Graine parce que l'ami graine
(la migraine).

Quel est
le pluriel
de « voleur » ?
– Valises
car des voleurs
dévalisent.

Pourquoi Hitler
portait-il la
moustache ?
– Parce que ça faisait
führer (fureur).

Pour le chasseur, quelle est la différence
entre un renard et un chien ?
– Environ une dizaine de bières.

Pourquoi les marins veulent-ils
à tout prix se marier ?
– Pour avoir une belle mer
(belle-mère).

Comment appelle-t-on
un marin ivrogne ?
– Un soûl marin
(un sous-marin).

**Quel est le point commun
entre un parachute et l'humour ?
– Quand on n'en a pas, on s'écrase.**

Que dit un vampire à sa victime
après lui avoir sucé le sang ?
– Merci beau cou (beaucoup).

**Quelle est la différence
entre un aigle et un homme ?
– L'aigle, c'est un faucon
(faux con) alors qu'un homme,
c'est un vrai con.**

Pourquoi les cancres se mettent-ils
toujours au fond de la classe ?
– Parce que dans le fond,
ils ne sont pas si bêtes.

Que dit un chat quand
il va à la pharmacie !
– Vous avez du sirop
pour matou (ma toux) ?

Que dit un aveugle quand
il touche du papier de verre ?
– C'est écrit serré !

Quel est le contraire d'un cochon triste ?
– Un porc tout gai (un Portugais).

Pourquoi les Bretons
sont-ils tous frères ?
– Parce qu'ils ont Quimper
(qu'un père).

Comment appelle-t-on
un squelette bavard ?
– Un os parleur
(un haut-parleur).

Dans quel pays trouve-t-on des cochons ?
– Dans les quatre groins du monde.

Comment appelle-t-on
le plus petit paradis ?
– Le soutien-gorge parce qu'il n'y a
que deux seins (saints).

Avec quoi, ramasse-t-on la papaye ?
– Avec une foufourche.

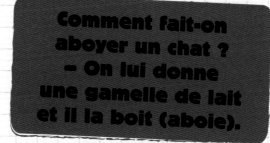

**Comment fait-on
aboyer un chat ?
– On lui donne
une gamelle de lait
et il la boit (aboie).**

**Pourquoi Mickey mousse ?
– Parce que Mario brosse
et Bob l'éponge.**

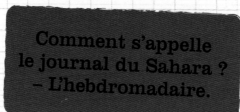

Comment s'appelle
le journal du Sahara ?
– L'hebdromadaire.

Qu'est-ce que deux mille-pattes
qui se font un câlin ?
– Une fermeture Éclair.

Quel est le point commun
entre la confiture et la culture ?
– Moins on en a, plus on l'étale.

Que dit un coq
à la poule qu'il convoite ?
– On va prendre un ver (verre) ?

Que se disent un chien
et un crocodile quand
ils se rencontrent ?
– Salut, sac à puces !
– Salut, sac à main !

Quelle est la différence
entre un alcoolique et une éponge ?
– L'éponge arrête de boire quand
elle est pleine.

Que dit une vache qui voit
un gant dans un champ ?
– Tiens, un soutien-gorge !

Comment appelle-t-on un chien sourd ?
– On ne l'appelle pas, on va le chercher.

Quelle est la différence
entre un singe et un voleur ?
– Aucune, ils ont tous les deux
la peau lisse (police) aux fesses.

Pourquoi Napoléon
n'a-t-il jamais déménagé ?
– Parce qu'il a un bon
appart (Bonaparte).

!!!

Quel est le futur de « je bâille » ?
– Je dors.

Quel est le point commun
entre l'amour et le rugby ?
– Ça commence par une touche
et ça finit par un placage.

Combien gagne un fakir ?
– Pas un clou !

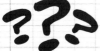

Où jouent les fils des rois ?
– Au Parc des Princes.

Pourquoi les éléphants
ont-ils une mauvaise vue !
– Parce qu'ils ont défenses
d'ivoire (défense d'y voir).

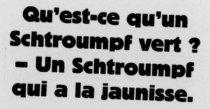

Qu'est-ce qu'un
Schtroumpf vert ?
– Un Schtroumpf
qui a la jaunisse.

**À quelle question
ne peut-on pas répondre
« oui » sans mentir ?
– Tu dors ?**

Quel animal peut changer
de sexe en moins
de deux secondes ?
– Le morpion.

**Qu'est-il écrit dans les bus italiens ?
– « Ne discutez pas avec le chauffeur,
il a besoin de ses mains. »**

De quelle couleur
sont les parapluies quand il pleut ?
– Ils sont tout verts (ouverts).

?

Qu'est-ce qu'un gendarme
sur un tracteur ?
– Un poulet fermier.

Que disent les poissons
quand ils croisent
une étoile de mer ?
– Tiens, voilà le shérif !

!!!

**Comment appelle-t-on les parents
de l'homme invisible ?
– Les transparents.**

**Quelle est la fée que
les enfants détestent le plus ?
– La fée C.**

Comment les bonnes
sœurs se reproduisent-elles ?
– En couvant.

Qu'est-ce qu'on pose
sur une table, qu'on coupe,
qu'on sert mais qu'on
ne mange pas ?
– Un jeu de carte.

Quel est l'animal
qui a le plus de dents ?
– La petite souris.

Quelle est la différence entre
un bébé et un crocodile ?
– Le bébé fait une mare dans son lit
et le crocodile fait son lit
dans une mare.

Que dit la maman baleine à son petit
quand il fait des bêtises ?
– Cétacé ! (C'est assez !)

Pourquoi les Japonais
ne montent-ils jamais sur des poneys ?
– Parce qu'ils sont déjà poneys
(des Japonais).

Pourquoi faut-il toujours enlever
ses lunettes pour passer un alcootest ?
– Parce que ça fait toujours
deux verres en moins.

Que se passe-t-il
quand une carotte
et un petit pois se battent ?
– Un bon duel (Bonduelle).

Quelle est la chaîne télévisée
que les chiens détestent ?
– Canal Puce.

Que doit planter
un agriculteur frileux ?
– Un champ d'ail (un chandail).

Quelle est la différence entre boire une bière et uriner ?
– Environ quinze minutes.

Que fait une vache qui a les yeux fermés ?
– Du lait concentré.

Pourquoi les bossus aiment-ils l'orage ?
– Parce que ça les fout droits (foudroie).

Quel est l'animal le plus stupide ?
– Le lionceau (lion sot).

!!!

Quel est le sport le plus fruité ?
– La boxe parce qu'on se prend des pêches
en pleine poire, qu'on tombe dans les
pommes et qu'on ramène plus sa fraise.

À quoi faut-il faire attention
quand on jette une gousse d'ail ?
– Au retour du jet d'ail (Jedi).

Qu'est-ce qu'un canif ?
– Un petit fien.

Que dit un policier à son citron ?
– Plus un zeste !

Quel est l'animal le plus bizarre ?
– Le loup-phoque (le loufoque).

**Quelle est la différence
entre un amant et un mari ?
– C'est le jour et la nuit !**

Quelle recommandation
donne une maman allumette
à ses petits ?
– Ne vous grattez pas la tête !

**Quel bruit fait
un esquimau quand il boit ?
– Igloo, igloo, igloo...**

**Que dit une souris quand
elle rencontre une chauve-souris ?
– Oh, un ange !**

Que fait Jean-Claude Van Damme
quand il monte dans sa voiture ?
– Il fout l'contact (Full contact).

**Que dit une grenouille
qui a rendez-vous ?
– Je suis dans l'étang
(les temps).**

Comment fait-on les petits Suisses ?
– Comme les petits Français.

Pourquoi les fleuves débordent
mais pas la mer ?
– Parce que dans la mer,
il y a des éponges.

Quels sont les fruits que l'on trouve
dans toutes les maisons ?
– Les coings (coins) et les mûres (murs).

« Ma copine est enceinte » ;
de quel temps s'agit-il ?
– Du préservatif imparfait.

Quelle est la mamie
la plus dangereuse ?
– Mamie Trailleuse
(ma mitrailleuse).

Qu'est-ce qu'un pou
sur la tête d'un chauve ?
– Un sans-abri.

**Je suis indispensable aux Français
mais inutile à la France ;
que suis-je ?
– La cédille.**

Que se disent deux puces en sortant du cinéma ?
– On rentre à pied ou on prend un chien ?

Quelle est la différence
entre un gendarme et une cocotte-minute ?
– Aucune, quand ils sifflent, c'est cuit !

**Que prend un éléphant
dans un bar ?
– De la place.**

Pourquoi les Anglais n'aiment-ils pas
les grenouilles ?
– Parce qu'elles font des thés tard
(têtards).

**Que se disent deux grains
de sable dans le désert ?
– Je crois qu'on est suivis.**

Comment appelle-t-on
un hérisson qui a faim ?
– Un pique-assiette.

Quel était le nom
de famille de Judas ?
– Bricot (jus d'abricot).

Pourquoi la vis est-elle
amoureuse du tournevis ?
– Parce qu'il lui fait
tourner la tête.

Quel est le jeu préféré du gouvernement ?
– Le jeu de lois (le jeu de l'oie).

Comment reconnaît-on
un avion portugais ?
– Il a des poils sous les bras.

Quelle est la différence entre
un professeur et un thermomètre ?
– Aucune, dans les deux cas,
on tremble quand ils mettent zéro.

53

Qui a inventé
la touche « bis » ?
– Sarah Pelle.

Quelle est la ville la plus
près de l'eau ?
– Bordeaux (bord d'eau).

Quel est le temps qui
ne fait jamais de fautes ?
– Le plus-que-parfait.

Quel est le plat préféré des cannibales ?
– Le croque-monsieur.

Combien de mois y a-t-il dans l'année ?
– Dix, parce que juin (joint), je le fume et Mars, je le mange.

Pourquoi faut-il craindre le Soleil ?
– Parce que c'est le plus grand des astres (désastre).

Quelle est la différence entre
un charcutier et un marin ?
– Le charcutier voit le porc avant les côtes
et le marin voit les côtes avant le port.

Quel est le seul oiseau
à pouvoir porter un éléphant ?
– La grue.

Comment reconnaît-on
un motard heureux ?
– Il a des moustiques
sur les dents.

?

Que raconte une maman
dinosaure à son fils ?
– Une préhistoire.

¡?!

De quoi a besoin
un cochon qui voyage ?
– Un passe-porc (passeport).

Que dit un escargot qui aperçoit
une limace sur la plage ?
– Oh, un naturiste !

Que sent un pet de clown ?
– Ça sent tout drôle.

**Quelle est la ville
la plus vieille du monde ?
– Milan (mille ans).**

**Pourquoi les poules
n'ont-elles pas de seins ?
– Parce que les coqs
n'ont pas de mains.**

Pourquoi Claire et Louis se sont-ils séparés ?
– Parce que Louis ne voit plus Claire (clair)
et Claire a perdu Louis (l'ouïe).

Qu'est-ce qui sépare
l'eau de l'air ?
– Le PQ (parce qu'entre
le O et le R).

Quelle est la peine encourue quand
on est polygame ?
– Avoir plusieurs belles-mères.